AF229003

Lb 48.1644.

ESQUISSES

POLITIQUES.

Prix, 30 centimes.

PARIS,

Chez CORRÉARD, libraire, Palais-Royal, galerie de bois.

31 mai 1820.

ESQUISSES

POLITIQUES.

I.

L'HONORABLE conseiller de Nîmes qui a eu le courage de dénoncer à la France entière, l'existence d'un gouvernement occulte qui a ses chefs, ses comités, des forces militaires indépendantes du gouvernement de droit et de fait; ce magistrat irréprochable que son caractère et ses vertus privées recommandent à l'estime publique, au lieu des remercîmens qu'il devait attendre du ministère pour ses importantes révélations, n'a recueilli que de grossières injures avouées par les ministres, puisque c'est aux ministres qu'appartient le monopole de la censure; il a été calomnié impunément par les feuilles contre-révolutionnaires, et le comité de censure a refusé l'insertion dans les journaux libéraux d'une lettre dans laquelle il ose préférer les soldats français à des troupes mercenaires ! M. Madier, qui a de si bonnes raisons pour se défier de nos ministres impartiaux, vient d'en appeler une seconde fois à l'opinion publique, à ce tribunal incorruptible, dont les arrêts sont tôt ou tard confirmés, en publiant sa réponse à M. le comte Portalis avec la lettre de son excellence, et en adressant à la chambre des députés une nouvelle pétition dans laquelle il demande que les ministres attaquent en justice les auteurs de la *Note secrète*, et alors il s'engage à donner les preuves non équivoques des faits étranges qu'il a signalés. On voit que M. Madier ne recule point devant l'accusation qu'il a portée; quelque puissans, quelque nombreux que soient ses ennemis, il ne balancera point à les poursuivre; mais alors seulement que les ministres, par un acte de justice et de courage lui auront donné lieu d'avoir confiance en leur sagesse et en leur fermeté; lorsqu'ils auront prouvé par un jugement solennel rendu contre de grands coupables impunis, qu'ils ne sont point eux-mêmes dominés par le gouvernement souterrain. Jusqu'alors M. Madier aurait tort de s'engager dans une lutte où il serait infailliblement écrasé par l'action immense de deux gouvernemens, dont l'un est patent et l'autre caché. Il risquerait de compromettre les preuves authentiques des odieuses trames d'une faction implacable qui ferait tous ses efforts pour anéantir ces pièces terribles qui déposent de ses crimes et de ses complots. Un jour viendra où le voile qui couvre tous ces mystères d'iniquités sera enfin déchiré; ce jour viendra quand la France sera gouvernée; car, ainsi que l'a dit l'honorable M. Royer-Collard, depuis six ans, la France n'a point de véritable gouvernement, parce qu'il n'y a point de gouvernement, lorsqu'il y en a deux qui se croisent et s'embarrassent dans leur marche opposée; parce qu'il n'y a point de gouvernement là où des hommes sont assez redoutables pour couvrir de leur bouclier des malfaiteurs et des assassins reconnus.

Tant qu'on s'appesantira sur des individus obscurs accusés de vaines conspirations, et qu'on épargnera des cou-

(5)

pables de haute trahison, tels que les auteurs de la *Note
secrète*, il sera permis de croire que les ministres sont un
instrument de la faction qui nous a opprimés en 1815 , et
qui veut nous opprimer encore, comme elle l'a fait à cette
sanglante époque. Que dis-je ? Peut-être dans quelques
jours , le gouvernement secret va devenir ostensible.
Dès lors la faction anti-nationale pourra donner un libre
cours à ses désirs immodérés d'ambition et de vengeance.

Il est curieux de lire la lettre de M. de Portalis, qui
tance sévérement M. Madier , pour n'avoir pas agi avec
plus de discrétion dans une affaire aussi grave ; on peut y
voir avec quel ton d'aigreur il lui reproche d'avoir donné
de la publicité à une accusation , qui , selon lui, devait être
faite confidentiellement aux ministres , et non pas aux
députés de la nation. M. Portalis , imbu des doctrines mi-
nistérielles, craint sur toutes choses l'intervention de l'opinion publique ; la publicité l'effarouche, et je conçois bien
qu'il a dû être choqué des formes peu respectueuses d'un
fonctionnaire public , qui s'adresse aux mandataires de la
nation pour dévoiler des faits importans qui peuvent
compromettre une foule d'*honnétes gens*. Si M. Madier
avait suivi les voies ordinaires , on aurait ordonné une
enquête , comme on l'a ordonnée sur les conspirations de
Grenoble et de Lyon; le tout sans bruit et sans scandale ,
au point que la nation ne se serait pas doutée qu'il existe
en France des *Jacobins* qui ne sont point des libéraux ,
qui tiennent des clubs et envoient des circulaires ; décou-
verte fâcheuse sans doute , selon M. Portalis et consorts.
Malheureusement M. Madier était dégoûté de faire des
confidences aux ministres , parce que les ministres n'a-
vaient fait aucun cas de celles qu'il leur avait faites comme
président des assises dans les départemens du Gard et de
Vaucluse ; et vous verrez que , pour attirer l'attention des

ministres sur ces rapports confidentiels, il sera encore obligé de les livrer à l'impression.

II.

En lisant la pièce suivante : on se convaincra que la philosophie n'a pas détruit tous les préjugés et que plusieurs de nos contemporains ont encore des idées et des opinions conformes aux mœurs du xive siècle. Il faut bien que les hommes qui ne peuvent point se faire distinguer par leurs talens ou leurs actions, se fassent remarquer par des titres et des particules. Jusque-là, je n'y vois pas un grand mal. Permis à l'homme inutile de se parer d'une vaine décoration qui impose aux sots ; mais qu'un Français du xixe siècle craigne d'avoir encouru la dérogeance à sa noblesse, parce que son père ou son aïeul ont enrichi sa famille et l'état, en s'adonnant au commerce : voilà ce qu'on a de la peine à concevoir. Un gentilhomme qui fonderait des manufactures, établirait des comptoirs et armerait des vaisseaux, perdrait donc ses titres et qualités, et ne pourrait les recouvrer qu'en renonçant à ces utiles entreprises, pour vivre noblement, c'est-à-dire consommer sans produire ?

Laissons ces fiers suzerains qui maintenant se déguisent sous le nom de grands propriétaires passer leur vie à chasser dans leurs domaines et à boire dans leurs châteaux ornés de tours et de girouettes ; et quant à nous vilains et roturiers qui ne craignons point de déroger, livrons-nous aux arts, au commerce, pourvu toutefois que les lois n'embarrassent point l'industrie, et qu'on ne crée point aussi des privilèges dans les arts et le négoce, en rétablissant les jurandes et les maîtrises comme cela était dans l'ancien régime qui ne peut nullement revenir j'en suis bien sûr, car nos ministres nous l'ont assuré avec une candeur vraiment digne d'éloges.

Louis, par la grâce de Dieu, roi de France et de Navarre, à tous présens et à venir salut.

Notre amé le sieur Gabriel Hervier Charrin, né à St.-Chaumond, département de la Loire, le 15 mars 1775, et membre du conseil municipal de ladite ville, nous a fait exposer qu'il est issu de l'ancienne famille noble Hervier Le Romand de St.-Paul en Juret ; mais que son père et son aïeul s'étant livrés au commerce, il craindrait que cette circonstance ne lui soit imputée à dérogeance, et il nous a fait supplier de vouloir bien lui accorder les lettres de relief en ce cas nécessaires.

A ces causes, sur la représentation qui nous a été faite par notre garde des sceaux, ministre secrétaire d'état au département de la justice, de l'avis du maître des requêtes, commissaire pour nous au sceau de France, voulant traiter favorablement l'exposant et lui donner une marque de notre bienveillance, nous l'avons, par notre ordonnance du 26 décembre 1819, relevé de toute dérogeance et rétabli en possession et jouissance de la noblesse, voulant que le sieur Hervier Charrin, et ses enfans, postérité et descendans mâles et femelles, nés et à naître en ligne directe et légitime mariage, soient censés et réputés nobles tant en jugement que hors jugement ; que comme tels ils puissent prendre, en tous lieux et en tous actes, la qualité d'écuyers, et jouir des rangs et honneurs réservés à la noblesse ; qu'ils soient inscrits en cette qualité aux registres ouverts à cet effet par notre commission des sceaux ; permettons audit Hervier Charrin, à ses enfans, postérité et descendans mâles et femelles, de porter en tous lieux les armoiries timbrées telles qu'elles sont figurées et coloriées aux présentes, et qui sont d'azur au lion léopardé d'argent, langué de gueules, et tenant à sa gueule un lis d'or à la bordure de gueules bleu timbré d'un casque taré de profil, orné de ses lambrequins : mandons à nos amés et féaux conseillers en notre cour royale de   dans le ressort de laquelle ledit sieur Hervier Charrin est domicilié, de publier et enregistrer les présentes après avoir reçu de l'impétrant le serment de fidélité à notre personne , et d'obéissance à la charte constitutionnelle et aux lois de notre royaume ; lequel serment sera consigné à la suite de l'enregistrement des lettres patentes, et d'en envoyer copie à notre commissaire aux sceaux, car tel est notre bon plaisir, et afin que ce soit chose ferme et établie à toujours, notre garde des sceaux y a fait apposer par nos ordres notre grand sceau en présence de notre commissaire du sceau.

Donné à Paris, le 20e jour de janvier de l'an de grâce 1820 , et de notre règne le 25e.

Signé, LOUIS.

Par le roi, le garde des sceaux ministre secrétaire d'état au département de la justice.

Signé, L. Deserre.

Vu au sceau , le garde des sceaux, ministre secrétaire d'état au département de la justice.

Signé, Deserre.

Au dos, Enregistré à la commission du sceau, registre casse 2 fol. 7 , le secrétaire général des sceaux.

Signé, Cuvillier.

III.

Kercalloch, arrondissement de Morlaix, le 17 mai 1820.

C'est assez causer de nos affaires, mon bon ami, je vais me hâter de vous faire le récit d'une aventure dont le village que j'habite a été le théâtre dimanche dernier. Je suis persuadé que ces détails vous arracheront un sourire, et cette occasion n'est pas à dédaigner au milieu des événemens qui nous entourent et nous menacent.

Imaginez-vous que ce petit village est, pour ainsi dire, perdu pour le reste de la France, et que si les commis des droits réunis postés au bourg voisin ne rendaient de temps à autre visite à notre cabaretier, nous ne saurions pas ce qui se passe à deux lieues à la ronde.

Notre maire est un bon homme de paysan, qui, depuis 1794, n'a pas déposé l'écharpe municipale. Il acheta dans le temps le presbytère, et comme son frère est notre curé, la cure y est restée.

Un vieux manoir bâti au milieu des falaises (rochers sur le bord de la mer) est le seul monument à deux étages que possède la commune, et c'est-là que depuis 1815 je me suis confiné avec toute ma famille , chez une tante de ma femme. Mon oncle acheta ce castel en 95, et laissa sur la grande porte les armoiries du baron de Kercalloch , ancien seigneur de la paroisse. La principale pièce de l'écusson est un crapaud aux pattes étendues et armées de lances.

Dimanche dernier, vers 10 heures du matin, j'aperçus de ma fenêtre deux individus qui me parurent regarder fort attentivement ces armoiries.

L'un d'eux, petit vieillard de quatre pieds neuf pouces environ, chevalier de Saint-Louis, et coiffé en ailes de pigeon, tira non sans peine sa rapière, et mettant un genou en terre, adressa trois saluts de son épée, au crapaud armé qui décore mon portail.

L'autre grand garçon de 2 à 30 ans, me parut avoir environ cinq pieds cinq ou six pouces, il regardait le vieillard avec une sorte de respect.

Tout d'un coup ce petit homme se relève, et brandissant sa lame se met à sauter comme un cabris, en montrant du doigt l'écusson. Vois, mon fils, s'écrie-t-il, vois ces nobles armes, les brigands n'ont osé les détruire ! Le grand garçon tombe à genoux, son père lui donna trois coups de sa lame sur la nuque, l'embrassa en le relevant, et lui dit : Te voilà réinstallé seigneur de céans, rendons-nous au village, je vais te faire reconnaître par mes vassaux.

Ils s'éloignèrent d'un air triomphant. Cette scène à laquelle je n'avais rien compris, piqua ma curiosité et je me rendis sur-le-champ à la mairie.

Le petit homme et son fils m'y avaient précédé de quelques minutes. J'entre, et jugez de ma surprise; le petit vieillard s'adressa au maire en ces termes : Monsieur le bailli, reconnaissez en moi le baron de Kercalloch seigneur de céans et autres lieux, voici mon fils le chevalier auquel je délègue dès à présent l'exercice de tous mes droits, tant utiles qu'honorifiques; faites sonner les cloches, mettez la paroisse sous les armes, et que tout le monde, vous le premier, s'apprête à nous rendre les honneurs qui nous sont dus, intérêts et capital depuis trente-deux ans révolus ! Vous, bailli, donnez l'exemple, à bas l'écharpe et ployez les genoux si vous voulez la reprendre.

Une douzaine d'anciens de la paroisse se trouvaient

réunis chez le maire, le baron de Kercalloch reconnut l'un d'entr'eux et le somma de par Saint-Denis de lui renouveler foi et hommage.

Hugo, c'était le paysan, se mit à rire aux éclats en enfonçant ses poings dans les poches de sa veste, et tous les paysans firent chorus à gorge déployée.

Tant d'insolence irrita le fier baron, et M. son fils, pour châtier l'irrévérence de ces manans, s'avisa de prendre Hugo au collet. Mal lui en advint, le fils du paysan arriva. C'est un ancien sergent d'artillerie, en deux tours de main il mit le hobereau à la raison.

Le baron met flamberge au vent, le sergent d'artillerie saisit un sac à farine, en affuble le spadassin et le tournoyant en l'air, menace le fils du baron de lui briser M. son père sur les épaules.

Le maire interpose son autorité, le sergent cesse de promener circulairement en l'air le fier baron et le remet sur pied. Jugez des éclats de rire de toute la compagnie, quand monseigneur de Kercalloch vint à sortir du sac l'épée au poing et en équipage de garçon meunier. Il voulut crier, mais la farine lui était entrée dans la bouche et par les narines, ce qui lui rendait la langue pâteuse et ne lui permit pas d'exhaler sa juste fureur.

Le maire pria chacun de se retirer en m'invitant à rester. Le vieux seigneur sentit redoubler sa rage quand il aperçut l'œil gauche de M. son fils que le redoutable sergent avait d'un coup de poing fait changer du blanc au noir. Ah ! coquins, s'écria-t-il en bredouillant, je ferai pendre la moitié du village aussitôt que le roi d'Angleterre m'aura envoyé ce qu'il faut pour cela !

Fort embarrassé de ces deux hôtes, et pour éviter des scènes plus fâcheuses, le maire fit préparer une charrette couverte d'une toile, y fit jeter quelques bottes de paille et monter M. le baron et son fils, persuadé qu'ils ne jouissaient pas de leur bon sens ; il me pria de les conduire sous escorte jusqu'au bourg voisin, où je les remis au chef de brigade de la gendarmerie avec un procès-verbal circonstancié, tendant à les faire placer à l'hopital de la Miséricorde à Morlaix.

Cet hopital est destiné aux aliénés et aux incurables. Quel fut mon étonnement, quand j'appris que ces messieurs étaient arrivés la veille dans le bourg, et qu'on les avaient entendus toute la nuit répéter, dans une chambre d'auberge, leur rôle de rentrée au château. C'était le père qui avait voulu styler son fils aux manières féodales.

Je ne doutai pas que ces honnêtes gens ne fussent venus de Paris en droite ligne pour reprendre leurs anciennes allures dans le pays, bien persuadés que la contre révolution serait faite à leur arrivée, et qu'ils n'auraient qu'à se présenter.

L'air de bonne foi et de conviction qu'ils avaient mis dans leur sommation aux paysans, m'a fait penser, depuis, qu'on leur avait joué, dans quelque salon du faubourg Saint-Germain, le mauvais tour de leur fourrer dans la tête que c'était une affaire faite, et que les seigneurs avaient gagné leur procès contre la nation.

Tant y a-t-il toujours qu'on ne les a pas revus, et qu'il n'y a pas de jour qu'on n'en rie à trois lieues à la ronde.

Depuis cette aventure, mes voisins sont devenus curieux de savoir ce qui se passe à Paris. Les plus gros du village m'ont prié de leur faire venir un journal qui les mît à même de connaître au juste quelle réception ils devraient faire à leurs seigneurs, dans le cas où ils seraient tentés de goûter encore de la farine de Kercalloch. L'abonnement se fera à frais communs, et la réunion pour la lecture aura lieu tous les soirs chez moi.

Vous, mon cher ami, qui êtes à la source, veuillez, je vous prie, avoir la complaisance de m'abonner au journal que vous croirez le plus convenable à l'instruction de mes voisins. Si vous pensez que l'expédient de notre sergent d'artillerie puisse être de quelqu'utilité en d'autres endroits, vous pouvez rendre publique cette dernière partie de ma lettre.

Je finis en vous embrassant de tout mon cœur,

Votre ami pour la vie,

DÉRIDER, *ancien chef de bureau au ministère de l'intérieur.*

IV.

Bruits de ville.

On dit que la faction du petit nombre, effrayée des conversions qu'opère chaque jour l'éloquence des députés de la nation sur certains hommes honnêtes, mais timides, que les excès de la révolution avaient enlevés à la cause de la liberté, et que le bon sens y ramène, a puisé dans les coffres de l'état, dont elle dispose à son gré, des argumens qu'elle croit irrésistibles. Trois millions auraient été offerts aux persuasions difficiles. Si les infamies de la faction justifient tous les soupçons qui s'élèvent contre elle, le respect que nous devons à nos concitoyens nous défend de croire au succès de ses tentatives.

— Autre manœuvre de la faction. On prétend que, peu rassurée sur les dispositions des citoyens qui composent l'armée, elle emploie toutes ses ressources pour les fanatiser, les corrompre, les démoraliser, pour en faire des espèces de Pandours, de Mameloucks, étrangers à la commune patrie, ennemis même des citoyens qu'ils sont appelés à protéger. Par exemple, des ordres secrets défendent, dit-on, aux soldats de communiquer avec les habitans des villes où ils se trouvent. On s'attache à remettre en honneur la dénomination de *péquin* heureusement oubliée au milieu des discussions politiques qui ont appelé les militaires à leur véritable destination, qui en ont fait des citoyens. L'effet de ces discussions est prodigieux ; la faction a pris l'épouvante : ordre est donné aux chefs de corps d'interdire aux troupes la lecture des journaux patriotes, et cet ordre est accompagné, dit-on, de peines très-sévères contre les récalcitrans. Mais ces indignes précautions, ces lâches manœuvres, ne font qu'irriter la curiosité du soldat, et lui inspire un sentiment profond de sa dignité de citoyen. Les feuilles proscrites se lisent en cachette dans plusieurs casernes, et il est présumable qu'elles donnent lieu à des commentaires qui ne sont pas flatteurs pour la faction. Instruite de tout cela, elle tâche d'y remédier à force de prédications, de messes, d'évolutions religieuses de toute espèce, que la contrainte rend insupportables à des cœurs droits, disposés à respecter là religion, mais dégoûtés des grimaces qu'on leur commande. Le *Drapeau blanc* et des missions, voilà, dit-on, de quoi se compose l'éloquence militaire de la faction. On m'a montré entre autres petits écrits à l'usage de nos pieux soldats, un recueil de chansons dévotes, orné de belles fleurs de lis, accompagnées d'un porte-drapeau, comme celui du *Drapeau blanc*. On conçoit bien que les vertus civiques et le respect de la charte ne sont pas prônés dans ces cantiques ; mais il y est fort question des *noirs suppôts des enfers* qui veulent égarer le zèle du soldat qui ne doit combattre que *pour son Dieu et son roi.*

Tout cela est fort édifiant, sans doute, mais ne rassure pas encore la faction. On prétend que pour se tranquilliser, elle a recommandé une inspection mystérieuse de plusieurs corps d'élite ; qu'elle a enregistré les noms des sujets les plus *dévoués* auxquels elle fait payer secrètement un supplément de solde. Dans quel but ? On l'ignore ; mais on le soupçonne : car la pétition de M. Madier de Montjau explique bien des choses. Mais hélas ! tant d'abominables manœuvres ne rendront que plus admirable le patriotisme des soldats français : ils demeureront les soldats des lois et de la patrie avant d'être ceux de la faction.

—Depuis une quinzaine de jours, on a pu remarquer la propagation subite et toujours croissante d'une nouvelle mode.

Un grand nombre de gardes nationaux de la capitale, se promènent dans les rues en demi-tenue et le sabre au côté.

C'est principalement le soir que cette nouvelle mode est suivie. Ce sont en général des jeunes gens qui l'ont adoptée.

Trait de reconnaissance.

Un équipage à livrée passe à côté de nous. Deux vieillards à graines d'épinards occupent la banquette du fonds. Voyez, marquis, dit l'un d'eux à son voisin, en nous montrant au doigt, voilà, je crois, ce malotru qui m'a sauvé la vie en 93. — Pas possible, vicomte, répond l'autre monsieur, la voiture reprend le galop. Connaissez-vous ces messieurs, dis-je à mon compagnon? — Oui, reprit-il, l'un d'eux est, je crois, le vicomte de Dede. J'étais président de ma section. Il nous fut dénoncé par son beau-frère comme aristocrate; pour le tirer d'affaire, je lui fis donner un faux passeport, à l'aide duquel il passa le Rhin, il y a vingt-sept ans aujourd'hui même; et comme vous le voyez, monsieur le vicomte a eu la bonté de se souvenir du léger service que je lui ai rendu.

— Comment faquin, dit à son jardinier, vieux soldat retraité, le duc de Lisvé, tu parles de ta gloire? — Vous parlez bien de votre noblesse, monsieur le duc; je me trompe, vous ne parlez jamais que de celle de votre grand père.

IMPRIMERIE DE MADAME JEUNEHOMME-CRÉMIÈRE,
RUE HAUTEFEUILLE, n° 20.